CARLOTA ROA

# CALAVERAS LITERARIAS
# LITERARY SKULLS

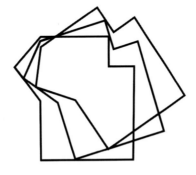

**SALTO**AL**REVERSO**

CALAVERAS LITERARIAS
LITERARY SKULLS
Compilado por / Compiled by
© Carlota Roa
Ciudad de México, México, 2024
Mexico City, Mexico, 2024

**SALTO**AL**REVERSO**

Primera edición / First edition:
Julio de 2024 / July, 2024

Diseño y edición de título / Title design and editing:
Genaro Meza Roa / Carlota Roa
Fotografía de la autora / Author's picture:
América Salazar
Ilustraciones / Illustrations:
Carlota Roa (AI-Generated / Generadas por IA)

# AGRADECIMIENTOS

A todas las personas que, como yo, hemos emigrado de nuestro país buscando nuevas oportunidades.

A las personas que aman nuestras tradiciones porque las han vivido y experimentado y desean no solo que las conozcan otras personas, sino que las entiendan y las respeten.

A todos mis estudiantes de Spanish Today Tutoring que disfrutan mis libros y aprenden de ellos.

A mis amigos y familia que me quieren. Especialmente a Genaro, que es siempre parte de estos proyectos y que, con su amor y sabiduría, hace esto más divertido.

# ACKNOWLEDGEMENTS

To all the people who, like me, have emigrated from our home countries in search of new opportunities.

To those who love our traditions because they have lived and experienced them and wish not only for them to be known, but also understood and respected.

To all my students at Spanish Today Tutoring who enjoy my books and learn from them.

To my friends and family who love me. Especially Genaro, who is always a part of these projects, making them more fun with his love and wisdom.

# INTRODUCCIÓN

Es fascinante para mí la experiencia de la celebración del Día de los Muertos —o también conocido en México como el Día de Muertos—, especialmente de cómo ha evolucionado y su reconocimiento en Estados Unidos, en particular en California desde los años 80 y ahora en este 2024. Ha sido para mí una experiencia muy profunda el ser parte de esa ola cultural que introdujo y difundió esta tradición tan rica y significativa.

El Día de los Muertos es una celebración profundamente arraigada en la cultura mexicana, en la que se honra a los seres queridos que han fallecido. Es interesante ver cómo esta festividad se ha globalizado y cómo ha sido adoptada e interpretada en diferentes culturas.

En un principio, en San José, California, era casi un desafío mantener viva esta tradición porque no era ampliamente conocida o celebrada, pero fue admirable cómo muchas personas como yo, entre otros tantos educadores, especialmente profesores de Español, artistas visuales, periodistas y fotógrafos, fuimos pioneros y trabajamos para compartir y transmitir esta rica tradición cultural a través de altares, exposiciones fotográficas, libros y otros medios; especialmente en museos, centros culturales, bibliotecas públicas y, en mi caso, escuelas.

En mi desempeño como profesora de Español en un colegio en Los Gatos, California —donde trabajé por más de una década—, siempre brindé a mi comunidad altares y exposiciones fotográficas, al mismo tiempo invitando a varios artistas locales para mostrarles y educarlos sobre lo que significa este día tan importante para nosotros los mexicanos.

Esta ha sido para mí una experiencia personal muy fuerte. Compartir y celebrar el Día de los Muertos, especialmente en mi comunidad. Confesaré que yo siempre tengo sentimientos de asombro y felicidad al ver cómo una tradición tan querida como esta ha sido adoptada y apreciada. Esto es realmente un testimonio de la riqueza y universalidad de las tradiciones culturales mexicanas, y de cómo pueden resonar en diferentes contextos.

Por otro lado, también la comercialización de las festividades por parte de las corporaciones me preocupa, pues lamentablemente es una realidad común cuando las tradiciones culturales se globalizan. A medida que el Día de los Muertos se ha hecho más conocido internacionalmente, especialmente después de ser destacada en películas y medios populares, es inevitable que las empresas busquen capitalizar su popularidad. No sé si la comercialización quizás pueda tener un lado positivo, como aumentar la conciencia y la apreciación de la festividad, pero sí creo que también existe el riesgo de que se pierda el significado y la profundidad cultural original. Es importante mantener un equilibrio, respetando la esencia y los orígenes de la festividad, al mismo tiempo que se celebra su creciente reconocimiento.

Todo esto me inspiró crear este libro de «Calaveras Literarias» y dedicarlas a personas que han sido parte de mi vida. Creo que es una forma hermosa y única de honrar mis experiencias y recuerdos de aquello que un tiempo estuvieron a mi lado. Las calaveras literarias, con su mezcla de humor, sátira y afecto, son una manera perfecta de reflejar las distintas relaciones y momentos que he vivido, tanto los buenos como los no tan buenos.

¡Espero que les guste!

Carlota Roa
Mayo de 2024

# INTRODUCTION

The phenomena of "Day of the Dead" celebrations are fascinating to me, especially how its recognition has evolved in the US, especially in California, since the 80's up to today. It has been a very profound experience for me to be part of that cultural wave that introduced and spread a tradition that is rich and significant.

The Day of the Dead is a celebration deeply rooted in Mexican culture, one in which loved ones who have passed away are honored. However, this holiday has become globalized and has been adopted and interpreted in different cultures, leading to fascinating developments in its expression.

Initially, in San Jose, California, it was almost a challenge to keep this tradition alive because it was not widely known or celebrated. It is truly admirable how many people, like me, among many other educators, especially Spanish teachers, visual artists, journalists, and photographers, were pioneers and worked to share and transmit this rich cultural tradition through altars, photographic exhibitions, books, and other media. Especially in museums, cultural centers, libraries, and, in my case, public and private schools.

In my role as a Spanish teacher at a school in Los Gatos, California, where I worked for more than a decade, I always provided my community with altars and photographic exhibitions. I also invited several local artists to show and educate them about the significance of this important day for us Mexicans.

This has been a very strong personal experience for me, to share and celebrate Day of the Dead, especially in my community. I will confess that I always have feelings of amazement and happiness when seeing how a tradition as beloved as the Day of the Dead has been adopted and appreciated, as it is truly a testament to the richness and universality of Mexican cultural traditions and how they can resonate in different contexts.

On the other hand, the commercialization of festivities by corporations also worries me, as unfortunately, it is a common reality when cultural traditions become globalized. As Day of the Dead has become more internationally known, especially after being featured in films and popular media, companies will inevitably seek to capitalize on its popularity. I don't know if commercialization can perhaps have a positive side, such as increasing awareness and appreciation of the holiday, but I do think there is also a risk that the original cultural meaning and depth will be lost. It is important to maintain a balance, respecting the essence and origins of the holiday, while encouraging its growing recognition.

I was inspired to create this book of "Literary Calaveras", also known as Literary Skulls, and dedicate them to people who have been part of my life. I think it is a beautiful and unique way to honor my experiences and memories of the people who were once by my side. The literary skulls, with their mix of humor, satire, and affection, are a perfect way to reflect the different relationships and moments that I have experienced throughout my life, both the good and the not-so-good.

I hope you like it!

Carlota Roa
May, 2024

# INFORMACIÓN SOBRE CALAVERAS LITERARIAS

Las calaveritas literarias son una tradición única y colorida de México, asociadas principalmente con el Día de los Muertos, una celebración que tiene lugar cada año los días 1 y 2 de noviembre. Este festival es una mezcla de tradiciones indígenas y católicas y se centra en recordar y honrar a los seres queridos fallecidos. Aquí te ofrezco un panorama general sobre cómo se originaron las calaveritas literarias en México.

## Orígenes históricos

Las calaveritas literarias tienen sus raíces en la época prehispánica, pero la forma en que las conocemos hoy es en gran medida una creación moderna. Los antiguos mexicanos celebraban festividades dedicadas a la muerte, venerando a deidades como Mictecacíhuatl, la reina del Mictlán o el inframundo. Estas prácticas se mezclaron con las tradiciones católicas traídas por los españoles, especialmente la celebración del Día de Todos los Santos y el Día de los Fieles Difuntos.

## Desarrollo cultural

En el siglo XIX, la representación de la muerte en forma de esqueletos y calaveras se hizo popular en el arte y la literatura mexicana. Artistas como José Guadalupe Posada y, más tarde, Diego Rivera jugaron un papel importante en la popularización de estas imágenes. Posada, en particular, es conocido por sus grabados de calaveras, o calacas, que satirizaba a la sociedad.

## Las calaveritas literarias

Son pequeños poemas rimados, a menudo humorísticos y satíricos, que personifican a la muerte y narran situaciones imaginarias donde la muerte interactúa con personas vivas, a menudo figuras públicas como políticos, celebridades o incluso personas dentro de una comunidad o familia. Estas calaveritas pueden ser tanto críticas como juguetonas, y a menudo incluyen temas relevantes para los eventos y preocupaciones actuales.

## Tradición y actualidad

Hoy en día, las calaveritas literarias son una parte importante de las celebraciones del Día de los Muertos. Las escuelas en México fomentan a menudo la escritura de estas calaveritas como una forma de preservar la tradición y enseñar a los niños sobre la cultura mexicana. Además, suelen aparecer en periódicos y medios de comunicación durante la temporada del Día de los Muertos.

Las calaveritas literarias representan una forma única en que la cultura mexicana aborda el tema de la muerte, no con miedo o tristeza, sino con humor e irreverencia, recordándonos que la muerte es una parte natural de la vida.

# INFORMATION ABOUT LITERARY SKULLS

Literary Skulls or Literary Calaveras are a unique and colorful tradition from Mexico, primarily associated with the Day of the Dead, a celebration that takes place each year on November 1st and 2nd. The festival is a mix of indigenous and Catholic traditions and focuses on remembering and honoring deceased loved ones. Here I offer a general overview of how the literary skulls originated in Mexico.

## Historical Origins

Literary skulls have their roots in pre-Hispanic times, but the way we know them today is largely a modern creation. Ancient Mexicans celebrated festivities dedicated to death, venerating deities such as Mictecacíhuatl, the queen of Mictlán or the underworld. These practices were mixed with Catholic traditions brought by the Spanish, especially the celebration of All Saints' Day and All Souls' Day.

## Cultural Development

In the 19th century, the representation of death in the form of skeletons and skulls became popular in Mexican art and literature. Artists such as José Guadalupe Posada and later Diego Rivera played an important role in popularizing these images. Posada, in particular, is known for his engravings of skulls, or "calacas", which satirized society.

## The Literary Calaveritas

These are small, rhymed poems, known in English as skulls, often humorous and satirical, that personify death and narrate imaginary situations where death interacts with living people, often public figures such as politicians, celebrities, or even people within a community or family. These skulls can be both critical and playful, and often include topics relevant to current events and concerns.

## Tradition and Current Events

Nowadays, literary skulls are an important part of the Day of the Dead celebrations. Schools in Mexico often encourage writing these "calaveritas" as a way to preserve tradition and teach children about Mexican culture. In addition, they usually appear in newspapers and media during the Day of the Dead season.

Literary skulls represent a unique way in which Mexican culture approaches the topic of death, not with fear or sadness, but with humor and irreverence, reminding us that death is a natural part of life.

# CALAVERAS LITERARIAS
# LITERARY SKULLS

# 1

# Dedicada a un alpinista de las cumbres mexicanas

Este era un escalador
que, sin parar de caminar,
a su amigo se encontró
y, a punto de confesarle
lo mal que se portó,
el piolet se le resbaló.
Así fue como la Pelona
lo encontró y de ella
no se burló.

# 1

# Dedicated to a Mountaineer of the Mexican Peaks

This was a climber
who, without stopping his walk,
met a friend
and was about to confess
how badly he behaved,
when his ice ax slipped.
That's how la Pelona
found him and he
did not mock her.

# Calavera al alpinista
# de las cumbres mexicanas

Es una jornada de intensidad de la travesía de un escalador, que entrelaza su aventura física con un viaje emocional. En su camino, él se enfrenta no solo a los desafíos de la escalada sino también al peso de sus confesiones personales y la inesperada confrontación con la mortalidad, que es simbolizada por «la Pelona». Este encuentro final refleja una profunda aceptación de su destino, resaltando cómo los momentos decisivos son tanto físicos como emocionales

# Skull to the Mountaineer of the Mexican Peaks

It's a day of intense journey for a climber, intertwining his physical adventure with an emotional voyage. On his path, he faces not only the challenges of climbing but also the burden of his personal confessions and the unexpected confrontation with mortality, symbolized by "la Pelona", or the Grim Reaper. This final encounter reflects a deep acceptance of his fate, highlighting how pivotal moments are both physical and emotional.

# 2

# Dedicada a una perrita, «Orejitas»

Celosa la Pelona
de esta perrita valiente,
viajera y aventurera,
que por dieciséis años
vivió saliendo ilesa
de sus viajes intrépidos
y peripecias, en un descuido
de hambre y profundo sueño
la Catrina se la llevó.
¡Te recordamos, hermosa,
perrita viajera!

# 2

# Dedicated to a Little Dog, "Orejitas"

Jealous was the Grim Reaper
of this brave little dog,
traveler and adventurer,
who for sixteen years
lived, emerging unscathed
from her adventurous journeys,
and in a moment of carelessness
of hunger and deep sleep,
the Skeleton Lady took her away.
We remember you, beautiful,
traveling little dog!

# Calavera a una perrita llamada «Orejitas»

Esta emotiva calavera rinde un homenaje a una perrita valiente y viajera, cuya vida estuvo llena de aventuras con sus amos transitando en auto por largos y sinuosos caminos. Durante dieciséis años, su espíritu aventurero la mantuvo sana y feliz, desafiando incluso a «la Pelona», una metáfora de la muerte.

Su partida fue en un momento de vulnerabilidad y vejez. Nos conmueve cuando recordamos que el ciclo de la vida es así, pero la huella que dejó fue imborrable.

Nuestros compañeros animales nos dejan los más bellos recuerdos, eso es algo que perdura con cariño y admiración.

# Skull to a Little Dog Named "Little Ears"

This emotional skull pays tribute to a brave and traveling dog, whose life was full of adventures with her owners journeying by car through long and winding roads. For sixteen years, her adventurous spirit kept her healthy and happy, and even able to defy "la Pelona", a metaphor of the Grim Reaper.

Her departure came in a moment of vulnerability and old age. It touches our hearts when we remember that the cycle of life is like this, but the mark she left was indelible.

Our animal companions leave us with the most beautiful memories of them, and that is something that lasts with love and admiration.

# 3

# Dedicada a un perro «Ringo»

A ti, Ringo, mi fuerte pastor alemán,
te dedico esta calaverita,
especialmente por ser el protector
más grande de mi vida.
Me cuidaste y protegiste al cachorro
más importante con devoción,
la Calaquita te buscó y,
por más que quise que fueras a un mejor lugar,
triste me quedé sin mi fuerte protector.

# 3

# Dedicated to a Dog Named "Ringo"

To you, Ringo, my strong German Shepherd,
I dedicate this little skull poem,
especially for being
the greatest protector of my life.
You watched over me and protected
the most important puppy with devotion,
la Calaquita sought you out,
and though I wished for a good place for you to go,
sadly I remained without my strong protector.

# Calavera a un perro llamado «Ringo»

Ringo, mi perro pastor alemán K-9 que no solo fue un protector fiel, sino también una parte esencial de la vida del autor. La mención de cómo Ringo protegía con devoción al «cachorro más importante de su manada» destaca la profunda conexión entre el amo y la mascota, reflejando un sentimiento de seguridad.

La llegada de «la Calaquita» es una representación poética de la muerte, fue la despedida inevitable, pero no por eso menos dolorosa.

La frase final resalta la sensación de pérdida y la ausencia de esa presencia protectora. A través de estas palabras, el perro llamado Ringo es recordado con un gran amor y gratitud por su lealtad incondicional.

# Skull to a Dog Named "Ringo"

This skull is another tribute full of love and affection for Ringo, a German Shepherd K-9 dog who was not only a loyal protector but also an essential and beloved part of the author's life. The mention of how Ringo devotedly protected the "most important puppy of his pack" highlights the deep connection between owner and pet, reflecting a feeling of security.

The arrival of "la Calaquita" is a poetic representation of death, it was the inevitable farewell, and yet no less painful.

The final phrase emphasizes the feeling of loss and the absence of that protective presence. Through these words, the dog named Ringo is remembered with great love and gratitude for his unconditional loyalty.

# 4

# Dedicada a una suegra intrigosa

La pobre suegra, encantada de la intriga,
a nadie perdonaba de sus juegos
de hablar siempre de los demás
y siempre pintándose los labios
de rojo carmesí.
Perfumada a rosas con su perfumero París,
con su aroma un día a la Pelona le llamó,
y en lugar de ofrecerle de su loción
con una intriga con ella jugó,
pero esta se enojó y así se la llevó,
llevándola a ella y a su rojo carmesí.

# 4

# Dedicated to a Meddlesome Mother-In-Law

The poor mother-in-law enchanted by intrigue,
spared no one from her games
of constant gossip,
and painting her lips
in crimson red.
Perfumed with roses and her Parisian scent,
one day she called la Pelona with her aroma,
instead of offering her some of her perfume
she played a trick,
but this angered the Reaper,
who then whisked her away,
taking her and her crimson red.

# Calavera a una suegra intrigosa

Esta es una calavera que relata con un toque de ironía y humor la historia de una suegra intrigante que le gustaba hacer comentarios inapropiados y fuera de lugar constantemente, sin importarle lastimar los sentimientos de otras personas.

Su encuentro final con «la Pelona» es un eufemismo para la muerte. La descripción de la suegra es el gusto que tiene ella por la intriga, al mismo tiempo que el gusto por pintarse los labios con labial rojo carmesí.

Siempre haciendo uso de su perfume de marca París, este es un retrato vívido de una personalidad fuerte y vanidosa.

Su giro final, donde su propio carácter y aroma atraen a la muerte, es un mensaje sutil sobre cómo nuestras acciones y rasgos pueden de manera inesperada guiarnos hacia nuestro destino. Quizás sea un recordatorio de la inevitabilidad de la vida y de cómo nuestras personalidades nos acompañan hasta el final.

# Skull to a Meddlesome Mother-In-Law

This is a skull that recounts with a touch of irony and humor the story of a meddlesome mother-in-law who liked to make inappropriate and out-of-place comments constantly, regardless of hurting other people's feelings. With her taste for intrigue, penchant for painting her lips with crimson red lipstick and always making use of her Parisian perfume, this is a vivid portrait of a strong and vain personality.

Her final twist, where her own character and scent attract death, is a subtle message about how our actions and traits can unexpectedly lead us to our fate. Perhaps it is a reminder of life's inevitability and how our personalities accompany us to the end.

# 5

# Dedicada a mi padre, hedonista caballero

Era de día y él salía tan catrín como feliz,
era de tarde y él salía fumando su puro
de la dulce isla de Cuba.
Llegaba la noche y salía a festejar
en su coche, tan guapo como audaz,
y así, tomando su copa de coñac
bailaba y reía con las bellas damas,
cuando la Pelona lo divisó y se lo llevó
al panteón en su carretón.
De día o de tarde, o por la noche,
todos le hablan y lo quieren en el panteón
por ser el más feliz y catrín.

# 5

# Dedicated to My Hedonistic Gentleman Father

It was day and he left as dapper as he was happy,
in the afternoon he would go out, smoking his cigar
from the sweet island of Cuba.
Night would fall and he'd go out to celebrate
in his car, as handsome as he was bold,
and there, holding his glass of cognac
he danced and laughed with beautiful ladies,
when la Pelona caught sight of him and took him away
in her cart to the cemetery.
Be it day, evening, or night,
everyone talks with him and loves him in the cemetery
for he was the happiest and fullest of cheer.

# Calavera a mi padre hedonista y caballero

Esta calavera quiere capturar, con vivacidad y con un toque de humor, la vida de un hombre que fue sumamente carismático, guapo y alegre. Fue conocido por su estilo, elocuencia y sofisticación. Su rutina diaria desde la mañana era placentera y elegante, por otra parte, sus noches eran festivas. Destaca un gran amor por la vida y el placer en sus pequeñas rutinas. Algunas como fumar un puro fino hecho en Cuba o disfrutar de una copa de algún buen coñac.

La aparición de «la Pelona», la Muerte, no parece disminuir el espíritu del personaje; incluso en el panteón, él seguiría siendo querido y recordado por su felicidad contagiosa. Este relato celebra la existencia vivida con plenitud y la idea de que el carisma y la alegría pueden perdurar más allá de la vida misma.

# Skull to my Hedonistic Gentleman Father

This skull seeks to vividly capture, with a touch of humor, the life of a man who was extremely charismatic, handsome, and joyful. He was known for his style, eloquence, and sophistication. His daily routine from the morning was pleasant and elegant, and his nights were always festive. It highlights a great love for life and pleasure in his small daily traditions. Some of these included smoking a fine Cuban cigar or enjoying a glass of exquisite cognac.

The appearance "la Pelona", another name for Death, does not seem to diminish the character's spirit; even in the cemetery, he would continue to be loved and remembered for his contagious happiness. This tale celebrates an existence lived fully and the idea that charisma and joy can endure beyond life itself.

# 6

# Dedicada a Machita, inocente alma

Inocente, alma dulce de cabellos de plata pura,
envejeciste sola y sin pasión,
solo con una obsesión.
En tu mecedora te encontrabas
mirando por tu ventana y, así, distraída,
volando, la Pelona canija te llevó
y hasta tu reloj se agenció.

# 6

# Dedicated to Machita, Innocent Soul

Innocent, sweet soul with pure silver hair,
you grew old alone and without passion,
just with an obsession.
In your rocking chair you were
looking out your window and so distracted,
that death, flying, slyly took you without notice,
and even kept your watch!

# Calavera a Machita, inocente alma

Es un tierno y emotivo homenaje que captura la esencia de una vida vivida con simplicidad, sencillez y quizás con sueños no cumplidos, pero aun así llena de una belleza tranquila. La imagen de Machita es una mujer que murió casta y entregada al servicio de su familia, envejeciendo sola, lo único que hacía era estar en su mecedora, perdida en sus propios pensamientos observando el mundo a través de su ventana. Es conmovedora y evocadora. Su dulce recuerdo estará siempre presente para aquellos que tuvimos el gusto de estar cerca de ella.

# Skull to Machita, an Innocent Soul

A tender and emotional tribute that captures the essence of a life of simplicity, modesty, and perhaps unfulfilled dreams, but still possessing a quiet beauty. The image of Machita is of a woman who died chaste and devoted to the service of her family, aging alone with nothing but her rocking chair, lost in her own thoughts, watching through her window the world go by. Touching and evocative, her sweet memory will always be present for those of us who had the pleasure of being close to her.

# 7

# Dedicada a Doña Chela

Doña Chela se encontraba
saboreando su pan con café
como cada mañana,
de repente comenzó a gritarles
a todos los que estaban a su alrededor.
Todos pensaron que su café se le cayó.
En eso la muerte entró por su cocina
y Doña Chela se enojó,
la muerte le dijo un secreto
y después se la llevó.

# 7

# Dedicated to Doña Chela

Doña Chela found herself
savoring her bread with coffee
as she did every morning,
suddenly she began to yell
at those around her.
Everyone thought she spilled her coffee,
but then death entered through her kitchen
and Doña Chela became angry,
death shared with her a secret
and then took her away.

# Calavera a Doña Chela

La calavera a Doña Chela es una reflexión, una vez más, sobre la naturaleza inesperada de la muerte y cómo esta puede irrumpir en la vida cotidiana. Doña Chela, quien nunca rompía con su vida rutinaria, estaba disfrutando de su clásico desayuno: pan con café como cualquier otra mañana. Esto representa la normalidad de la vida diaria y de las cosas que haces.

Su repentina explosión de ira podría simbolizar el choque inicial y la negación que a menudo acompañan a un encuentro inesperado en este caso con la muerte.

Sin embargo, la Muerte le cuenta un secreto a Doña Chela; esto puede interpretarse como una revelación o una aceptación de algún aspecto crucial de la vida o la muerte que antes era desconocida o ignorada por ella. Ahora descansa en paz.

# Skull To Doña Chela

The skull to Doña Chela is a reflection, once again, on the unexpected nature of death and how it can burst into everyday life. Doña Chela, who never broke from her daily routine, was enjoying her classic breakfast of bread with coffee, like any other morning, representing the mundane normality of her life.

Her sudden burst of anger could symbolize the initial shock and denial that often accompanies an unexpected encounter, in this case with death.

However, Death tells Doña Chela a secret, perhaps a revelation or an acceptance of some crucial aspect of life or death that was previously unknown or ignored by her. Now she rests in peace.

# 8

# Dedicada a Don Agus, un bohemio guitarrista

Vamos a la rumba, vamos a cantar,
tomemos unas cubas y después a fumar,
vamos a una fiesta y con las estrellas a soñar.
Bohemio, con su guitarra alegre y afinado,
durmiendo se quedó en el sueño.
La Calaca lo vio y se lo llevó.
De vez en cuando se escucha
la voz bohemia de Don Agus cantando,
rumbeando y fumando sin cesar.

# 8

# Dedicated to Don Agus, a Bohemian Guitarist

Let's go to the rumba, let's go to sing,
let's drink some rum and then have a smoke,
let's go to the party and dream with the stars.
Bohemian, with his cheerful and tuned guitar,
fell asleep within the dream.
La Calaca saw him and took him away.
From time to time, one can hear
the bohemian voice of Don Agus singing,
swaying and smoking without ceasing.

# Calavera a Don Agus, un bohemio guitarrista

Esta calavera quiere capturar la personalidad nostálgica y el espíritu bohemio de Don Agus, un hombre que vivió la vida con una gran pasión por la música vernácula, siempre suspirando envuelto en un toque de nostalgia y romanticismo. La escena de fiesta llena de música y sueños bajo las estrellas refleja una existencia vivida plenamente. Así murió, rodeado de amigos, tragos, música y con un cigarro en la mano. Descansa en paz.

La Muerte, representada por «la Calaca», lo lleva de una forma tranquila mientras él duerme cansado de cantar, fumar y suspirar por la vida. El recuerdo perdura en su canto y su voz bohemia, que aún resuena.

Esto es un hermoso recordatorio de que, aunque la vida es efímera, el espíritu y la alegría pueden trascender más allá de nuestra existencia física.

# Skull to Don Agus, a Bohemian Guitarist

This skull captures the joy and bohemian spirit of Don Agus, a character who lived life with passion, music, and fun. He was a man who lived life with a great passion for folkloric music, always sighing and enveloped in a touch of nostalgia and romanticism. The scene of partying, music, and dreaming under the stars reflects a life fully lived.

Although Death eventually takes him, calmly and serenely while he rests from his incessant merry making, the legacy of Don Agus endures in his music and bohemian voice, which still echoes. This skull is a beautiful reminder that, although life is fleeting, the spirit and joy can transcend beyond our physical existence.

# 9

# Dedicada al abuelo revolucionario

Abuelo, tenías trece años
cuando la bola te llevó,
te encontrabas bajo balazos
y la muerte volaba a diario
cantando canciones revolucionarias.
Te dejó vivir 80 años,
aprendiste a estar callado,
sigiloso, calmado y en paz.
Viniste a decirme el último adiós
una tarde de abril
y yo te dije adiós
a través de mi ventana.
Y así, caminando sobre las vías del tren,
las mismas en que la Revolución
un día de niño te llevó,
¡la Pelona te llevó!
En silencio y en paz,
siempre estarás en mi corazón,
adorado abuelo.

# 9

# Dedicated to my Revolutionary Grandfather

Grandfather, you were thirteen
when the Revolution swept you away,
you found yourself under gunfire
and death flew daily overhead
singing revolutionary songs.
You were allowed to live 80 years,
you learned to be silent, subtle, calm, and at peace.
You came to say your last goodbye
one April afternoon
and I said goodbye to you
through my window.
And so, walking on the train tracks,
the same ones on which the Revolution
took you away as a child,
la Pelona took you!
In silence and peace,
you will always be in my heart,
beloved grandfather.

# Calavera al abuelo revolucionario

Este poema es un homenaje a mi abuelo, cuya vida estuvo marcada por experiencias intensas desde una edad temprana, participando en la Revolución mexicana desde los trece años. La narrativa recorre la trayectoria de sus vivencias, destacando su aprendizaje hacia el silencio, cautela y profunda paz, elementos que lo definieron tras haber sobrevivido a la violencia y al caos de una revolución hasta que regresó en juventud a los 27 años.

La despedida final a sus 80 años, ese adiós simbólico que tuvo conmigo —y yo a través de una ventana—, fue su partida, afortunadamente tranquila y silenciosa. Yo quiero reflejar un profundo amor y respeto hacia la figura de mi abuelo. El poema me evoca nostalgia, admiración y un sentido de pérdida tranquila, manteniendo a mi abuelo vivo siempre en mi recuerdo.

# Skull to My Grandfather Who Was in The Mexican Revolution

This poem is a tribute to my grandfather, whose life was marked by intense experiences from an early age, such as having participated in the Mexican Revolution from the age of thirteen. The narrative traverses the trajectory of his existence, highlighting his profound wisdom gained through silence, caution, and deep peace, elements that defined him after having survived the violence and chaos of a revolution from which he returned late in his youth, at 27 years old.

The final farewell at 80 years old, that symbolic goodbye that he had with me —and I through a window, was a departure that fortunately was quiet and silent. I want to reflect a deep love and respect towards the figure of my grandfather. The poem evokes nostalgia, admiration, and a sense of serene loss, while keeping my grandfather always alive in my memory.

# 10

# Dedicada a Harlam, hombre de fe

A Harlam le gustaban los asados
tanto como nadar en los veranos.
La emoción de la Navidad era tanta
como escuchar a Norah Jones.
Cuando nos invitaba a comer,
le gustaba orar para
tener una buena guía.
Un día, en compañía de sus canes,
la Pelona se le apareció.
Ahora yo oro al sonido de Norah Jones.

# 10

# Dedicated to Harlam, a Man of Faith

Harlam liked barbecues
as much as swimming in the summers.
His excitement for Christmas was as great
as listening to Norah Jones.
When he invited us to eat,
He liked to pray for
good guidance.
One day, in the company of his dogs,
la Pelona appeared to him.
Now I pray to the sound of Norah Jones.

.

# Calavera a Harlam, hombre con fe

Esta calavera es un emotivo homenaje a Harlam, un hombre caracterizado por su fe y sus sencillas pero profundas alegrías de la vida. La narrativa teje la imagen de una persona que encontraba placer tanto en los asados como en los baños de verano y cuya anticipación por la Navidad se equiparaba al disfrute que le provocaba escuchar a Norah Jones. Sus oraciones por una buena guía revelan un espíritu contemplativo y dedicado, mientras que la aparición de «la Pelona» —una metáfora de la Muerte—, en un día acompañado por sus canes, añade un toque de inevitabilidad a la historia de su vida, recordándonos la fragilidad humana.

Finalmente, el cambio del orar de Harlam al orar del narrador al son de Norah Jones cierra el poema con una nota de continuidad y homenaje personal, subrayando la influencia perdurable de Harlam. Esto es un recordatorio de cómo los pequeños placeres y la fe pueden definir una vida, dejando una huella imborrable en aquellos que quedan atrás.

# Skull to Harlam, a Man With Faith

This skull is an emotional tribute to Harlam, a man characterized by his faith and his simple, yet profound, joys in life. The narrative weaves the image of a man who found pleasure in both barbecues and summer swims, whose anticipation for Christmas was as great as the joy he found in listening to Norah Jones. His prayers for good guidance reveal a contemplative and dedicated spirit, while the appearance of "la Pelona", on a day accompanied by his dogs, adds a touch of inevitability to his story, reminding us of human fragility.

Finally, the shift from Harlam's praying to the narrator's praying to the sound of Norah Jones closes the poem with a note of continuity and personal tribute, underlining Harlam's enduring influence. This is a reminder of how small pleasures and faith can define a life, leaving an indelible mark on those who remain behind.

# 11

# Dedicada a Don Navarro, el joyero más valiente

Al más valiente joyero de la región
le encantaban las joyas; las reparaba,
las vendía y las usaba.
Sus joyas eran grandes, hermosas y relucientes.
Don Navarro era un hombre gordo y feliz,
pero un día en un invierno la Muerte lo buscó,
llegando a su taller lo engañó
y sus joyas no se las llevó.

# 11

# Dedicated to Don Navarro, the Bravest Jeweler

To the bravest jeweler in the region,
he cherished jewels, he repaired them,
sold them and wore them.
His jewelry was big, beautiful, and shiny.
Don Navarro was a fat and happy man,
but one winter day la Pelona came looking for him,
arrived at his workshop and tricked him,
but She did not take his jewels.

# Calavera a Don Navarro, el joyero más valiente

Esta calavera es sobre mi joyero Don Navarro, porque él era un hombre valiente sin miedo a nada. Esta es una reflexión sobre la pasión e identidad, y como es inevitable la muerte. Don Navarro era un hombre gordo y alegre. Él encontraba gran felicidad y propósito en su trabajo como joyero, fabricando las joyas, vendiéndolas y usándolas él mismo con tremendo orgullo.

Las joyas no eran solo su sustento, sino también una fuente de mostrar la belleza en su vida. Sin embargo, la llegada de «la Pelona» un día de invierno nos invita a pensar que, a pesar de la pasión y el éxito, nadie es inmune a la muerte.

Su muerte llegó a su taller y lo trató de engañar sin llevarse sus joyas, esto simboliza que la muerte puede llevarse al hombre, pero no puede llevarse las pasiones o logros que definen su vida. Recordamos su legado, su pasión y sobre todo su amistad.

# Skull to Don Navarro, the Bravest Jeweler

This skull is for my jeweler Don Navarro because he was a brave and fearless man. It is a reflection on passion and identity, and how death is inevitable. Don Navarro was a big and cheerful man. He found great happiness and purpose in his work as a jeweler, making jewels, selling them, and wearing them himself with tremendous pride.

The jewels were not only his livelihood, but also a way to represent the beauty in his life. However, the arrival of the Death on a winter day invites us to think that despite passion and success, no one is immune to death.

His death came to his workshop and tried to deceive him without taking his jewels, this symbolizes that death can take the man, but it cannot take the artefacts and achievements that define his life. We remember his legacy, his passion and, above all, his friendship.

# 12

# A mi madre adorada

Te dedico la más dulce y amorosa de calaveritas,
por ser la madre más cálida y adorable.
Siempre serena te gustaba tejer,
ahora yace en esta tumba
un alma tan dulce, cual ninguna.

Con amor en cada gesto y en cada palabra,
hacía de mi vida una dulce algarabía.

Siempre con una tierna sonrisa, un abrazo listo,
en su corazón no cabía ni un granito de malicia,
como es propio de una buena madre.

Amorosa y dulce, como el mejor pan,
su partida me dejó triste y desolada.

La muerte, caprichosa, no mira a quien llevar,
pero al ver tanta dulzura,
quizás te quiso llevar al verte tan mal.

Siempre guardaré tus enseñanzas del amor y la dulzura,
esta es mi mejor herencia.

Ahora, entre ángeles deberás estar,
repartiendo amor sin parar,
dejando en el cielo un brillo singular.
¡Hasta que, en el más allá, nos volvamos a encontrar!

# 12

# To my Beloved Mother

I dedicate to you the sweetest and most loving of calaveras,
for being the warmest and most adorable mother.
Always serenely you liked to knit,
now lies in this tomb
a soul so sweet, like no other.

With love in every gesture and every word,
you made my life a sweet jubilation.

Always with a tender smile, a ready hug,
in her heart there was not even a speck of malice,
as a good mother should be.

Loving and sweet, like the finest bread,
your departure left me sad and desolate.

Death, capricious, does not discriminate whom to take,
but seeing so much sweetness,
perhaps it wanted to take you upon seeing you so ill.

I will always keep your teachings of love and tenderness,
this is my best inheritance.

Now, among angels you must be,
spreading love without end,
adorning the sky with precious brilliance.
Until we meet again in the hereafter!

# Calavera a mi madre adorada

Esta calavera y dedicación a mi madre es profundamente conmovedora, pues refleja el amor inmenso que siento por ella. La tradición de las calaveritas sirve para expresar nuestros sentimientos, lo cual añade una capa cultural y emocional única a estos homenajes, no solo a mi madre sino a personas importantes en mi vida. Esta mezcla de nostalgia, amor y respeto por las enseñanzas y momentos compartidos con mi madre demuestra la positiva y duradera influencia que ha tenido en mi vida.

Este sentimiento universal del duelo, que las calaveras nos dejan expresar con delicadeza y esperanza, es importante para recordar la importancia de atesorar y continuar el legado de aquellos que hemos amado y perdido. Una vez más, es hermoso y poético comprender que, aunque las personas queridas puedan dejarnos físicamente, su espíritu y amor permanecen con nosotros siempre.

# Skull to my Adored Mother

This calavera and dedication to my mother is profoundly moving, as it reflects the immense love I feel for her. The tradition of "calaveritas" serves as a unique cultural and emotional method to express my feelings, not only to my mother but to important people in my life. The mix of nostalgia, love, and respect for the teachings and moments shared with my mother shows the positive and lasting influence she has had in my life.

This universal feeling of mourning, that the calaveras allow us to express with delicacy and hope, is important in order to remember the significance of cherishing and continuing the legacy of those we have loved and lost. Once again, it is beautiful and poetic that although our loved ones may leave us physically, their spirit and love always remain.

# SOBRE LA AUTORA
# ABOUT THE AUTHOR

Carlota Roa nació en la década de 1960, en la era dorada de la Ciudad de México. Es una artista visual, escritora y profesora de español desde hace varios años.

Nacida en la capital, Roa desarrolló su arte a través de la lente de sus paletas de colores, diversificando la urbanidad siempre con un toque encantador. Buscando una revolución creativa y espiritual dentro de sí misma, Roa emigró a California a finales de la década de 1980. Se instaló en el Área de la Bahía, racialmente polarizada, experimentando de primera mano la fricción y simbiosis simultáneas de la coexistencia de latinos y blancos. Roa ha mantenido una exitosa carrera como profesora de español y ha enseñado en algunas de las escuelas más prestigiosas del Área de la Bahía. Carlota Roa es una profesora, poeta publicada y previamente fotógrafa profesional.

Ahora, Roa busca comunicar su comprensión profunda e idiosincrásica de la cultura mexicoamericana a través de la prosa, talleres educacionales y fotografía, en celebración de una vida ricamente vivida, para inspirar a otros a trascender las barreras sociales en el espíritu de la cohesión humanitaria.

CELEBRATING

4O

YEARS OF TEACHING

*Carlota Roa*

Carlota Roa was born in Mexico City in the 1960s ; she is a long-time visual artist, writer and Spanish teacher.

Raised in the capital, Roa developed her artistry through the lens of its fractalized color palettes of enchanting urbanity. Seeking a creative and spiritual revolution within herself, Roa emigrated to California in the late 1980's and settled in the racially polarized Bay Area, experiencing first-hand the simultaneous friction and symbiosis of Latino and White coexistence.

Roa went on to a successful career as a Spanish teacher, and has taught for some of the most prestigious schools in the Bay Area. Her endeavors include being a published poet and a professional photographer.

Now, Roa seeks to communicate her profound and idiosyncratic un-derstanding of Mexican-American culture through prose, seminars and photography, in celebration of a life richly lived, as well as to inspire others to transcend social barriers in the spirit of humanitarian cohesion.

# ÍNDICE / INDEX

Made in the USA
Middletown, DE
26 October 2024

63320313R00058